HOMENS DE BEM

Marcellus Campêlo

HOMENS DE BEM

Pelo Espírito Joel

1ª EDIÇÃO

Manaus, AM
CASA BENDITA
2014

Dados Internacionais de Catalogação na Publicação (CIP)

Joel (Espírito).
Homens de Bem / pelo espírito Joel; [psicografado por] Marcellus Campêlo. - 1. ed. - 1ª reimpressão - Manaus: Casa Bendita, 2014.
152p.: 18 cm

ISBN 978-85-65300-02-5

1. Espiritismo. 2. Psicografia. I. Campêlo, Marcellus. II. Título.

CDD 133.93

Composição e editoração

Casa Bendita
Fundação Allan Kardec (FAK)
Av. Mário Ypiranga, 1507, Adrianópolis
69057-001 – Manaus, AM – Brasil
Fone: (92) 3642-6638
http://www.faknet.org.br
presidenciadc@faknet.org.br

Projeto gráfico: Edson Queiroz, Gleise M. T. de Oliveira e Jefferson Rebello

Ilustrações: Edson Queiroz

1ª edição - 1ª reimpressão - do 3º ao 4º milheiro

O produto da venda desta obra é destinado à manutenção das atividades assistenciais da FAK, de Manaus, AM, e da Sociedade Espírita Boa Nova, de Catanduva, SP.

Impressão e acabamento: Yangraf Gráfica e Editora

Sumário

Prefácio

Os sentimentos despertados em cada membro que compõe a Comissão Editorial da editora Casa Bendita ao contato com os homens de bem apresentados pelo Espírito Joel nesta obra – que conta como o seu terceiro trabalho, com a colaboração psicográfica do médium Marcellus Campêlo – merecem destaque nestas linhas iniciais, estruturadas à guisa de prefácio.

A cada capítulo que nos propúnhamos examinar, surpreendíamo-nos com a descrição de virtudes que eram perfeitamente comparáveis às de pessoas próximas a nós, encontradas nos cenários de nossa vida cotidiana. Esta leitura nos fez a todos perceber o quanto podemos estar próximos daquele Homem de Bem descrito em o Evangelho Segundo o Espiritismo, além de nos convidar ao esforço diário para vivenciar o Evangelho do Cristo nas mínimas obras, rompendo assim os paradigmas da figura até então inalcançável.

Assim foi que, folheando as páginas originais deste ensaio sobre os caracteres do verdadeiro homem de bem, passamos a conviver com Marias, Márcias, Franciscos, Dalvas e tantos outros que nos brindaram com exemplos de amor, bondade, justiça, resignação, quando punham, em favor do semelhante, as virtudes com que o Pai presenteara estas personagens que agem anonimamente, e personificam a descrição do mestre de Lyon para a temática abordada pelo Espírito Joel.

São criaturas de Deus que convivem com as dificuldades impostas pelas injunções do mundo moderno, mas que insistem no bem em qualquer situação. Quando tropeçam nos caminhos da vida, utilizam-se de suas virtudes para o soerguimento, evitando-se o lamentar sem propósito. Inspiram-nos a admiração, e nos levam a refletir sobre o que estamos a fazer dos nossos talentos; que contas prestaremos quando o Senhor da Vida nos inquirir sobre a utilidade que demos a tudo com o que fomos agraciados.

Por isso, honra-nos sobremaneira a oportunidade bendita de dividirmos estas páginas e seu nobre conteúdo com o amigo leitor, que certamente terá chance idêntica à nossa de constatar que estamos sempre cercados de exemplos vivos das virtudes que, como muito bem observou Kardec, caracterizariam a criatura que pautasse sua vida nos ensinamentos exemplificados por nosso Mestre Jesus.

Nestes tempos em que percebemos se configurarem as mudanças que transformarão a Terra, conduzindo-a à Era da Regeneração, oportuna se torna a retomada de um tema que indubitavelmente auxiliará a definir o nosso futuro como criaturas de Deus.

Com o sentimento de eterna gratidão a Jesus pela oportunidade que ora se apresenta, apraz-nos trazer a lume mais um exemplar das prateleiras das bibliotecas do plano espiritual, servindo modestamente como mais uma contribuição divina para o progresso e felicidade a que se destinam os filhos de Deus.

Manaus, 23 de outubro de 2013.

Comissão Editorial

O bem vencerá

Há no mundo dito moderno a tentativa, das forças da ignorância sem Deus, de irradiação do mal por toda parte. No campo das ciências, vicejam aqueles que tentam se utilizar do conhecimento adquirido para a construção de complexas estruturas de destruição de pessoas e da vida. Na filosofia, ocupam-se homens de notável inteligência e sabedoria aos olhos do mundo, empenhados em disseminar a descrença em Deus, no apego à teoria do nada que desvia indivíduos incautos à depressão e à amargura de viver. Na religião, os exploradores da ignorância se refestelam com o resultado de seus engodos, quando "vendem" as modernas indulgências a preços que lhes custarão alguns anos de acerto de contas com a justiça de suas próprias consciências.

Não obstante esse quadro lamentável ainda persistir, o Cristo avança cada vez mais, pela ação nobre dos trabalhadores que já verdadeiramente O amam, em todas as partes e em todas as religiões sinceras, fortalecendo a esperança de que o bem vencerá no mundo. As transformações pelas quais passa o pequeno Planeta Azul evidenciam a Nova Era, que surge para que a Terra cumpra a sua jornada evolutiva, de abrigar homens de bem em suas plagas, em um mundo regenerado.

Nesse sentido, apresentamos este humílimo trabalho, contendo observação simples acerca de um dos textos mais belos produzidos pelo mestre de Lyon, Allan Kardec, que desta forma nos presenteou com a sua inspiração divina. O "homem de bem", de O Evangelho Segundo o Espiritismo[1], é roteiro compilado e seguro do comportamento cristão que todos os habitantes de nosso planeta devem praticar, para se fazerem merecedores de vivenciar a gloriosa transição da Terra. Em utilizando-se de exemplos simples do cotidiano, situações reais, mas com nomes substituídos dos personagens, pode-se extrair a exemplificação prática da aplicação dos conceitos de Kardec acerca dos caracteres do homem de bem no mundo.

Sem intenção de falar sobre coisas novas, mas sim de compartilhar sentimentos que possam levar à reflexão íntima do querido leitor, esperamos que nossas breves palavras surjam como lenitivo àqueles que precisam, estímulo ao trabalho

[1]**Nota da Editora:** ver capítulo 17, item 3, de O Evangelho Segundo o Espiritismo.

para aqueles reticentes e impulso à modificação para melhor naqueles em que a vida já se apresente com ares de enfado, pela repetição dos erros provindos das paixões efêmeras e inócuas.

Confiando em Jesus, sempre, entregamos este trabalho para que o homem de bem que existe em nós nasça juntamente com cada manhã em que nos dispusermos a viver, habilitando-nos a maiores desafios, no amparo àqueles que conosco convivem e que são os motes que nos farão ser reconhecidos como habitantes aptos a viver no mundo regenerado que se aproxima.

Manaus, 8 de janeiro de 2011.
Joel

"O verdadeiro homem de bem é o que cumpre a lei de justiça, de amor e de caridade, na sua maior pureza"

Júlio César é um homem de origem simples, que não teve oportunidades de estudar muito, em face da infância pobre no campo, onde cedo precisou ajudar seu pai a sustentar uma família de doze pessoas. Mudando-se para a cidade grande, conseguiu emprego de auxiliar de serviços gerais em uma grande empresa, na qual trabalha há mais de vinte e cinco anos, exercendo atualmente a função de auxiliar administrativo. No trabalho, sempre alegre e otimista, está continuamente disposto a incentivar os colegas quando alguém se encontra com problemas de qualquer ordem, e, por mais que não os possa resolver, compartilha sentimentos de solidariedade em relação ao sofrimento alheio. Não se envolve em intrigas comuns no ambiente de trabalho, afastando-se das "fofocas" que lhe chegam aos ouvidos, sem dar-lhes continuidade na divulgação difamatória. Sorri constantemente e está sempre apto a ajudar e a executar qualquer serviço que lhe solicitem, mesmo que não seja atribuição de suas funções atuais. Quando percebe que um colega está sendo injustiçado pela infâmia de aproveitadores, levanta a voz de seu testemunho em favor da verdade, tendo quase sempre a sua opinião levada em conta por seus superiores, em vista da história de seu caráter. Quando retorna para sua casa simples de um conjunto habitacional popular, alegra-se em poder beijar a esposa e as duas filhas que acabaram de ingressar na faculdade, pelo imenso esforço que fez em estimulá-las ao hábito do estudo, evitando que elas sofram as mesmas dificuldades que ele mesmo sofreu na infância e na juventude.

É cumpridor de seus deveres de chefe de família, pois cuida do bem-estar de seus familiares, da manutenção de sua casa, colocando-se igualmente ao dispor de seus vizinhos quando problemas acontecem na comunidade. Por suas atividades rotineiras, quase não tem tempo para a distração fútil, pois três vezes por semana participa como voluntário, juntamente com sua mulher, de um asilo para idosos rejeitados por suas famílias, onde dedica seu tempo para aliviar as dores de irmãos que tanto já sofreram no mundo. Não entende muito de religião, mas tem o hábito de frequentar a igreja semanalmente, onde participa das celebrações com distinto fervor, emocionando-se às lágrimas todas as vezes que é convidado a confessar a sua submissão aos designios de Deus, por quem tem profundo amor filial. Não lhe sobra muito no campo material, mas aquilo que não precisa ou tem em excesso, procura doar a quem precisa mais, sempre mantendo o belo sorriso no rosto que lhe marca a personalidade, sendo reconhecido por todos que o cercam como um homem de bem.

Enganam-se muitas pessoas quando adiam os seus esforços em cumprir a lei de justiça, de amor e de caridade[2] que Deus nos concede para nosso bem, alegando que não estão preparadas, que lhes falta tempo ou que os compromissos de trabalho ou de família impedem a dedicação às atividades nobres de construção de um mundo

[2] **Nota da Editora:** ver capítulo XI, Parte Terceira, de O Livro dos Espíritos.

melhor. Na verdade, criam justificativas pueris para a preguiça mental em que se encontram, para fugir da necessidade que têm de desapegarem-se de suas paixões, dos vícios e das ambições que lhes predominam na alma. Deus não exige preparo intelectual de ninguém para que se enfileire nos caminhos do bem, pois o indivíduo pode, com suas possibilidades, engajar-se na prática caridosa em todos os momentos. Para o Senhor, tanto faz ser o indivíduo letrado e culto ou analfabeto e ignorante, sendo o mais importante o resultado de suas ações e a sua contribuição na edificação do reino de amor no mundo. É louvável, aos olhos de Deus, aquele indivíduo que dedica seu tempo ao trabalho diário na sustentação da vida material, digno que seja, executando suas horas úteis na busca do seu bem-estar e de sua família. Todavia, aquele que se excede na busca de viver para trabalhar, pela ambição desmedida, merece nosso lamento, pois que as horas do dia para o homem foram feitas também para a dedicação aos outros, que nos cercam a vida. Quando não priorizamos também o trabalho em favor dos outros, estacionamos no caminho, pela distração com nossas atividades egoísticas.

Cumprir a lei de justiça é se posicionar no mundo em favor do direito alheio, reconhecendo que cabe aos mais fortes e com maiores possibilidades defender aqueles que mais precisam e que estão fracos, buscando sempre que os direitos destes sejam respeitados pela sociedade. Cumprir a lei de amor é exercitar a caridade nas mínimas coisas do dia a dia, pelo sorriso sincero, pelo abraço acolhedor, pelas palavras consoladoras e estimulantes ao bem, pela doação de tempo aos outros e pela doação do desnecessário a quem dele necessita.

Neste momento, se tu procuras ser homem de bem, reflete no teu posicionamento diante do mundo e medita como empregas teus esforços diante da justiça e da caridade que se fazem necessárias executares. Se concluíres que podes fazer mais, avia-te em procurar ser útil ao teu próximo, dedicando mais tempo a ele, seja na atenção solidária, seja no engajamento voluntário e despretensioso em atividades regulares no bem. Dessa forma, estarás construindo o início de tua jornada rumo à felicidade eterna, que passarás a viver aqui mesmo no mundo, no momento em que perceberes que a tua consciência está em paz, com o sentimento nobre do dever cumprido.

“O homem de bem deposita fé em Deus, na sua bondade, na sua justiça e na sua sabedoria. Sabe que sem a Sua permissão nada acontece e se Lhe submete à vontade em todas as coisas”

Márcia acabara de sair da sala de exames ultrassônicos e aguardava pacientemente o resultado, juntamente com mais de cem pacientes portadores de algum tipo de câncer. Há seis meses, quando o médico diagnosticou pela primeira vez a doença, a reação inicial de Márcia foi de desespero, quando imediatamente pensou na sorte de seus três filhos rapazes e de seu marido, que não sabiam viver sem ela. Todavia, após o primeiro choque emocional, lembrou-se também de todos os ensinamentos cristãos que recebera, com os estudos sistematizados do Evangelho de Jesus, de que semanalmente participa a convite do seu filho mais velho. A nova visão de mundo, proporcionada pelas reflexões que o estudo lhe confere, modificou seu modo de encarar as dificuldades, passando a considerá-las como aliadas e companheiras, amigas de seu processo evolutivo. Ao contrário de muitos que estão naquele salão de espera, ansiosos pelos resultados dos exames, Márcia aproveita o tempo para conversar e consolar aquelas criaturas que se encontram desoladas pela tristeza e pelo pessimismo, aguardando apenas a hora de a morte chegar, em uma entrega passiva diante da doença que se alastra.

– Não se entregue, minha irmã, pois Deus quer que lutemos por nossa vida até o fim. Ele sabe o que faz. Aceitemos a doença, mas lutemos para dela nos curarmos, obedecendo aos médicos amigos, com alegria e otimismo.

São palavras que Márcia não se cansa de repetir àqueles que estão à beira da loucura por causa da notícia da doença. Em sua casa, ela é exemplo de vida, onde continua a se interessar pelo bem-estar dos filhos e do marido, servindo-os humildemente e com mais alegria ainda, valorizando cada minuto em suas companhias.

– Lembrem-se de que amo a todos vocês do fundo do meu coraçãozinho – repete todas as vezes que os filhos ou o marido saem de casa rumo aos seus trabalhos diários.

A fé que Márcia tem em Deus, contrariamente a de muitos que se revoltam, é maior a cada dia que nasce, quando ela, ao contemplar as belezas da natureza, agradece constantemente cada hora vivida e a oportunidade de ser útil aos seus familiares e às pessoas que com ela compartilham os momentos do tratamento da doença. Seu otimismo é admirado pelos médicos, que muitas vezes recorrem à sua palavra amiga, pedindo que ela, como exemplo de luta, se aproxime de pacientes que acabaram de ser surpreendidos pela notícia ainda devastadora da doença fatal. A "tia Márcia", como ela passou a ser conhecida no hospital, mesmo enfraquecida pela reação aos remédios, com os cabelos quase todos caídos, nunca declina da oportunidade de consolar com suas palavras, de afagar com seu sorriso e de abençoar com seu abraço a tantos corações sofredores e sem fé, que necessitam apenas de uma orientação evangélica, para que, como ela, olhem com as lentes do amor o momento da prova pela qual começam a passar.

– Que alma boa e especial é esta mulher! – todos pensam.

– Ela realmente é uma pessoa de bem!

A conquista de uma sólida fé em Deus é caminho obrigatório, o qual deve o homem trilhar para a sua felicidade no mundo. Quando vivemos com fé na justiça de Deus, confiando em seus desígnios, nenhuma prova nos atormenta, porque a visão da vida futura se nos é clara em nossas mentes. Os maiores dramas pessoais, muitas vezes insolúveis aos olhos dos homens, tornam-se oportunidades benditas de crescimento espiritual da criatura, quando observa que naquelas dificuldades que surgem, Deus a conclama ao testemunho da fé sincera, convidando-a ao trabalho no bem, para seu próprio benefício.

Muitos de nós ainda retrocedemos diante das provas que se apresentam como remédios amargos, mas necessários à nossa cura definitiva. Irrefletidos, revoltamo-nos, criando ao nosso redor uma atmosfera espiritual que só maximiza os problemas que somente a nós dizem respeito, mas que, pela nossa falta de fé, acabamos fazendo com que todos ao nosso redor também sofram, aumentando o volume dos lamentos diante das dificuldades. O cristão sincero, todavia, deve lembrar que o próprio Cristo não se furtou a enfrentar as suas provas missionárias e, mesmo sem nada cometer de errado, sofreu os maiores martírios de que se tem notícia, sem reclamar ou sem se revoltar contra Deus. Ensinou-nos o Mestre que, diante das provas, precisamos aproveitar a oportunidade de dar o exemplo de fé, para que todos percebam que Deus em nós já habita e com Ele a cruz fica mais leve[3].

Se te encontras hoje desalentado e pessimista porque este ou aquele problema aflige a tua consciência, para um pouco e medita por que Deus está te convidando a passar por isso. Perceberás que Ele, para ti, tem um propósito santo, e o problema que parece sem solução, com Deus se transforma em bendito companheiro de jornada, a te mostrar os caminhos errados pelos quais caminhaste, e a corrigir a rota da tua viagem, direcionando-te rumo à consciência do dever cumprido, quando, ao final, encontrarás a felicidade e a paz que tanto procuras.

---

[3] **Nota da Editora:** Mt 11, 28-30.

“O homem de bem tem fé no futuro, razão por que coloca os bens espirituais acima dos bens temporais”

Maria Lúcia é uma mulher rica. Viúva há mais de dez anos, viveu intensamente a dor de seu companheiro amado, que ficou acamado por quase três anos, e aprendeu nesses momentos de entrega que o dinheiro pode dar conforto, mas não consegue proporcionar paz de espírito, simplesmente por uma vontade pessoal em adquiri-la. A dor do esposo amado ensinou a Maria Lúcia que todos os seus bens materiais são impotentes diante da vontade de Deus. Hoje ela se dedica a amparar pobres mulheres que precisam medicar, internar e tratar os maridos ou os filhos que sofrem com doenças degenerativas, sem esperança de cura, mas que são necessitados do maior carinho, para que se lhes aumente a qualidade de vida. Longe de entregar a sua riqueza como se fora uma doidivanas, ela criou uma instituição séria e respeitável, agregando ao seu redor criaturas que têm o mesmo ideal cristão, de ajudar o próximo pelo emprego de seu tempo ou do recurso material que Deus lhes emprestou.

A “dona Maria”, como é conhecida, age com todos que lhe procuram com sincero sorriso no rosto, mas sempre concentrada em fazer com que a sua instituição cumpra o dever de ajudar a quem realmente não tem condições. Sem filhos, por uma opção que hoje ela reconhece egoísta de sua parte, trata a distinta senhora de cuidar dos filhos de outros ventres, com o mesmo carinho que destinaria se fossem seus. Em cada rosto sofrido pela dor, em cada lágrima de mãe que enxuga, ela vê o sorriso de seu companheiro, que no mundo maior a abençoa por ela estar, a cada dia, agindo como uma mulher de bem.

É muito grande a responsabilidade dos indivíduos que na Terra possuem bens materiais acima de suas necessidades diárias de sobrevivência. A conquista da riqueza pelo trabalho digno e honesto é sempre meritória aos olhos de Deus, desde que esse não seja o único objetivo do indivíduo, pelo qual emprega, à exaustão, todas as sua horas no mundo. Deve refletir o homem rico que, se as circunstâncias da vida o fizeram merecedor da riqueza, seja por herança dos esforços dos outros, seja por sua própria capacidade de trabalho, é porque a Providência Divina lhe outorgou viver uma das maiores provas do mundo, cujas experiências muito poucos conseguiram vivenciar, sem se deixar cair no desejo de satisfazer suas mais vis paixões.

Não por acaso que nos ensinou Jesus que seria mais fácil uma corda passar pelo buraco de uma agulha que um rico adentrar no reino dos céus[4]. O Mestre Divino demonstra com isso que o "céu" é lugar de acumulação de riquezas espirituais, as quais as traças não podem destruir[5]. O homem rico, portanto, tem plena capacidade de ajudar o outro e conquistar os bens espirituais. Ele não terá justificativas para atenuar a sua desídia quando o tribunal de sua consciência lhe cobrar contas do que fez de sua riqueza, de quantos consolou, de quantos minimizou a fome, de quantos cobriu com roupas e

[4] **Nota da Editora:** Lc 18, 18-25; Mc 10, 17-25; Mt 10, 16-24.
[5] **Nota da Editora:** Lc 12,33; Mt 6, 19-20; capítulo XXV, item 8, de O Evangelho Segundo o Espiritismo.

mantos quentes, de quantos ajudou a curar com remédios, de quantos deu oportunidades de trabalho digno. Pelo Evangelho de Jesus, poderá o homem abastado de bens materiais transformar toda a sua riqueza no mundo em bênçãos da sua própria "salvação", quando certamente, ao final da luta, será recebido como um homem justo e bom, e que utilizou os talentos que Deus lhe confiou com sabedoria, a fim de que eles se multiplicassem a cem por um[6].

A utilização da riqueza para a prática do bem deve ser feita, contudo, de uma forma refletida, com o duplo objetivo de não humilhar aquele que é beneficiado, bem como de não servir essa ajuda para que o homem que a faz pense estar comprando a "indulgência divina".

---

[6] **Nota da Editora:** Mt 25, 14-29; 34-40.

Como nos alertou o apóstolo dos gentios, poderemos vender tudo o que temos e distribuir aos pobres, mas se não fizermos isso com o coração puro e cheio de amor, sem esperar nada em troca, tudo será em vão[7]. Qualquer iniciativa de benemerência, assim, deve partir do coração consciente, do reconhecimento da grandeza de Deus diante de nossa pequenez e da responsabilidade que nos cabe quando somos convidados a passar pelas provas da riqueza. Cada centavo será contabilizado em nosso balanço espiritual, quando seremos impelidos a nos manifestar diante da lei de Deus, para apresentarmos o lucro de nossas virtudes ou o prejuízo de nossa incúria, pelo alimento de nossos vícios e paixões.

Se hoje te encontras em uma posição de privilégio na sociedade em que vives, possuindo por ostentação mais que o de

[7] **Nota da Editora:** I Co 13, 3.

que necessitas, em virtude da riqueza que te visitou sem o teu esforço, ou mesmo pelo fruto do teu trabalho no mundo, medita um pouco sobre o que tens feito dela, na aquisição dos bens espirituais de que precisas para viver no reino dos céus. Se chegares à conclusão de que teu egoísmo ainda te impede de te desapegares do teu tesouro acumulado, cujo peso na consciência começa a te cobrar contas, inicia as tuas ações de administração divina dos teus bens, refletindo em como o teu dinheiro pode ajudar a minorar a desigualdade no mundo. Perceberás, então, que de nada te adiantará viver em palácio coberto de ouro, se a pobreza do teu vizinho o faz sofrer. Cuida em organizar-te de uma forma responsável, em dividir o que tens com teu próximo necessitado, pois assim realmente começarás a te tornar homem rico para Deus, cheio de bens espirituais, que jamais poderão as traças destruir.

"O homem de bem sabe que todas as vicissitudes da vida, todas as dores, todas as decepções são provas ou expiações e as aceita sem murmurar"

Francisco é um homem que o mundo pode classificar como sofredor. De vida simples, trabalhava normalmente como funcionário público. Com o que ganhava honestamente, sustentava sua pequena família, constituída de sua mulher e duas filhas adolescentes. Há dez anos, entretanto, um acidente de trânsito retirou, de uma só vez, todas as esperanças de Francisco em ter uma velhice em paz, em companhia de sua esposa, de suas filhas e futuros netos, que certamente lhe alegrariam os últimos dias.

A morte visitou prematuramente aquela família simples e deixou Francisco completamente aturdido, sem saber a quem recorrer para espantar a loucura que parecia querer lhe dominar a mente. A vida não tinha mais sentido para ele e desejou fortemente acabar com ela, pelo meio sinistro e inconsequente do suicídio. Felizmente, quando já parecia decidido a executar o ato final, e pensava acabar com a sua dor para sempre, eis que Francisco teve um sonho nítido, no qual suas duas filhas lhe diziam que procurasse fazer o bem às pessoas, praticando a caridade, pois, se assim o fizesse, elas iriam visitá-lo em sonho mais frequentemente e eles poderiam sempre estar juntos.

Francisco, então, desde este bendito sonho, passou a ser voluntário em um hospital que cuida de crianças pobres e doentes do corpo e da alma. Hoje, ele já compreende, pelos estudos espirituais dos quais participa, que jamais a sua família esteve longe dele e que apenas estão trabalhando em planos diferentes na obra de Deus. Todas as suas dores foram transformadas em luzes para que Francisco alivie as dores daquelas crianças e de seus pais que igualmente sofrem. O exemplo de superação de Francisco é utilizado por todos como a prova de que, com fé, o homem pode dar sempre um novo sentido à sua vida, aceitando as provas que lhe aparecem. Francisco mantém sempre um sorriso amigo no rosto, colocando-se fraternalmente ao dispor para ouvir os lamentos dos pais desesperados que todos os dias chegam àquele hospital. Sua resignação e sua alegria de viver são bálsamos que minoram a dor de muitos que com ele convivem. Todos querem estar ao seu lado, pois se sentem bem com a sua presença tranquila e alegre. A dor tornou Francisco um homem de bem.

O homem encarnado neste planeta deve compreender que as lutas do mundo certamente o visitarão para o necessário testemunho, por meio do qual será convidado por Deus a refletir sobre seu comportamento. Não obstante o vasto material teológico, filosófico, espiritual e até mesmo científico que possui o homem dito moderno para mergulhar nos assuntos relativos às coisas divinas, bem poucos são os que, sem a visitação da dor, conseguem desapegar-se de suas rotinas inócuas e vazias, para se dedicar ao trabalho na construção de um mundo mais justo e fraterno para todos. Este alega falta de tempo, pois suas atividades profissionais o fatigam, restando somente as horas dedicadas à família, que diz ser sua prioridade, e as horas para ele sagradas do pouco de lazer e descanso necessários às forças que fazem tudo se repetir no dia seguinte. Aquele, até deseja se engajar em uma atividade voluntária em favor da caridade, mas logo desiste, quando percebe que isso demandaria ter de trocar as reuniões alegres com os amigos, que lhes dão o único momento em que pode "relaxar" das tensões da vida atribulada do dia a dia. Outro até trabalha em uma atividade no bem, mas comumente sente-se deslocado, não consegue ser alegre como seus pares e frequentemente lhe ocorre a sugestão de sair e procurar outro trabalho que lhe agrade o espírito indeciso e melindrado. A todos esses, somente o transe causado pela visita das provas e expiações é capaz de lhes atingir o fundo da alma, fazendo-lhes compreender que sem a dedicação ao outro, com sincero desapego, jamais poderão ser felizes no mundo.

Quando essa dor pungente nos visita, parecendo nos tirar o chão dos pés, Deus está demonstrando todo o seu amor ao nos considerar aptos ao resgate de tantos erros cometidos, nesta ou em outra existência, quando então poderemos nos redimir e dar mais um passo rumo à felicidade. Ele nos faz lembrar que se o próprio Cristo sofreu as dores do mundo injustamente, nós que muito devemos na contabilidade divina, teremos, toda vez quando recalcitrarmos, as provas, compulsoriamente, como companheiras na vida[8].

Assim, se hoje te encontras na bonança e aparentemente feliz com a tua vida, medita um pouco sobre o tempo das tuas horas no mundo e verifica o quanto tens dedicado para o trabalho em favor do teu próximo. Reflete que é melhor tomares a iniciativa do trabalho pelos impulsos do amor, que ser impelido, pela dor, a te posicionar no fundo do poço de tuas

[8] **Nota da Editora:** ver capítulo IX, item 7, de O Evangelho Segundo o Espiritismo.

amarguras, quando inexoravelmente terás que te movimentar para a necessária subida à tona. Se, eventualmente, já nesse momento difícil lembrares que ele é o resultado de tuas próprias ações e que as leis da vida reclamam o necessário ajuste, não te lamentes em murmurações infrutíferas, mas procura urgentemente te dedicar a um trabalho em favor de resolver os problemas dos outros. Perceberás, ao fim, as tuas dores como luzes que Deus te concedeu para que tu enxergasses na escuridão em que te encontravas, facilitando o teu caminho rumo à construção da tua felicidade. Age em favor de ti mesmo e percebes que tu és herdeiro do mundo, pleno de possibilidades divinas, e que depende somente da tua vontade dar o primeiro passo para transformar as tuas dores e provas em bênçãos para a tua vida e para a vida do teu irmão do caminho.

“O homem de bem faz o bem pelo bem, sem esperar paga alguma; retribui o mal com o bem, toma a defesa do fraco contra o forte, e sacrifica sempre seus interesses à justiça”

Dona Dalva tem um dom especial: ela consegue “falar” com os mortos, receber receitas homeopáticas dos Espíritos e consolar muitos familiares que sofrem com a falta de fé, pela saudade dos entes queridos que partiram em direção ao mundo maior. Sem estudos da escola, dona Dalva não entende muito bem o que se passa com ela, mas sabe que tudo o quanto faz pelos outros deve ser feito de graça, pois os Espíritos assim “mandam”. Seguindo os ensinos de Jesus, ela dedica todo o seu tempo de viúva e aposentada para realizar campanhas de benemerência em favor de famílias pobres da comunidade. Não raro, vemos dona Dalva batendo de porta em porta, ao lado de um senhor necessitado, para pedir dos amigos que sempre contribuem com seu trabalho no bem:

– Meu irmão, não vim pedir para mim, mas para este irmão que precisa de roupas e de comida. Ele já prometeu que vai se esforçar para trabalhar honestamente. Em nome de Deus, você pode dar esse empurrãozinho a ele?

A bondosa senhora não sabe se o que faz é certo ou errado, mas segue a sua consciência e não deixa ninguém sem um "padrinho" para ajudá-lo. Quando querem lhe fazer uma doação, ela sempre diz: "Não me dê nada, meu irmão. Procure ao seu redor e com certeza encontrarás alguém que esteja precisando. Vai e ajuda!". Muitos criticam dona Dalva por não seguir uma religião oficial, mas ela segue adiante, sem se importar: "Eu não entendo muito o que eles falam. Espero que eles me perdoem. A minha religião é a caridade e o amor", costuma repetir. Apesar dos exegetas de plantão, ninguém ousa não reconhecer que dona Dalva é uma mulher do bem.

São muitas as criaturas do mundo que, tocadas por um sentimento de necessidade de praticar a caridade, iniciam meritória jornada de espalhar o bem onde vivem. Engajam-se em atividades vinculadas geralmente a um grupo religioso e parecem decididas a se transformarem. Contudo, ao menor sinal de que seus esforços não tenham sido reconhecidos pelos líderes ou de que a sua opinião não foi levada em consideração na organização desta ou daquela nova atividade em curso, melindram-se e afastam-se dos seus ideais iniciais, voltando ao ócio de antes. Esquecem que o campo sagrado da prática da caridade é lugar de abnegação, no qual somente os que estão verdadeiramente decididos a trabalhar com sincero desinteresse perseveram até o fim. Quem não consegue amar não realiza a verdadeira caridade, assim como quem não inicia o exercício caridoso jamais aprenderá a amar.

É necessário que tal círculo virtuoso se inicie no homem que deseja ser feliz na Terra. Sem a caridade oriunda do amor e sem o amor que move a caridade, o homem pode realizar os mais impressionantes fenômenos, curar doentes, distribuir remédios e alimentos, falar com loquacidade, mas lhe faltará o desapego de sua vaidade, que no fundo cobra dívidas de reconhecimento daqueles que o cercam[9]. O homem caridoso o é por hábito natural, por princípio de vida, por dever de

[9] **Nota da Editora:** I Co 8, 1-7; 13.

consciência. Não necessita da religião ou de organizações oficiais para realizar a caridade, visto que pode fazê-la em pequenas ações do dia a dia, com um sorriso sincero constante, com uma palavra amiga de consolo e incentivo, com um abraço fraterno ou com a luta pela defesa do mais fraco quando presenciar situação que lhe reclame o testemunho. Fazer o bem pelo bem é para o homem o seu ideal de caridade, quando se afastará do egoísmo e do orgulho e colaborará para minorar a desigualdade no mundo em que vive.

Se tu és hoje um trabalhador na seara do bem, onde em nome de Deus te vinculas ao exercício do amor pela caridade, medita em tuas intenções reais e verifica se o que te move é o sincero desinteresse. Em chegando à conclusão diferente, não te desanimes, pois até mesmo os mais diletos apóstolos do Cristo um dia pensaram em usufruir das regalias de um reino terreno no mundo, pois achavam que Jesus iria reinar soberano, como rei que empunhasse o cetro dourado, para disputar com generais a posse de terras e de nações. Age, assim, em favor do teu próximo, reconhecendo que somente com ele, no caminho, é que tu vais conseguir aprender a amar sinceramente. Olha para dentro de ti e verás que este amor já existe latente e que depende somente da tua iniciativa fazê-lo irradiar-se em torno de tuas ações, quando, finalmente, estarás praticando o verdadeiro bem.

"O homem de bem encontra satisfação nos benefícios que espalha, nos serviços que presta, no fazer ditosos os outros, nas lágrimas que enxuga, nas consolações que prodigaliza aos aflitos"

Roberto é um médico dedicado. Durante as quase doze horas diárias destinadas às atividades de suas funções, atende centenas de pessoas, quando pode conviver com um variado matiz de problemas humanos, quase sempre ligados às deficiências físicas do corpo cansado das incúrias do homem ou alvejado por situações inusitadas de um acidente ou incidente, igualmente causado pela imprudência humana. Nesse contato diário com tantas diferentes criaturas, Roberto percebeu que a sua satisfação profissional é constatar o quanto em sua profissão pode ser útil aos outros, aliviando dores, enxugando lágrimas e compartilhando esperanças. Procurando trabalhar seu dia a dia como uma missão que Deus lhe confiou, o bondoso médico não hesita em utilizar todos os recursos disponíveis na minoração da dor alheia, seja dos que diretamente a sentem, seja dos familiares que muitas vezes sofrem mais que os doentes.

Roberto não perde oportunidade de aconselhar a mudança de hábitos a quem danifica seu corpo pelos vícios, como também indica a fé em Deus e o trabalho no bem como remédios diários que curarão mais que os medicamentos humanos. “Faz o teu irmão feliz e para de sofrer”, costuma dizer aos pacientes que recebem alta e que voltam para casa mais predispostos à mudança, depois que a dor os visita. “Espero não te ver mais por aqui”, brinca o bondoso doutor. Quando não lhe é possível ajudar algum paciente, diante da morte inevitável, Roberto se solidariza com a dor dos familiares, muitas vezes chorando com eles, pedindo fé em Deus e em seus desígnios, indicando sempre o trabalho no bem como bálsamo a cicatrizar a ferida que a morte de um ente causa aos que aqui ficam enlutados.

Roberto é um médico do mundo, que poderia, como tantos outros, realizar seu ofício de forma fria, sem envolvimento emocional, realidade infelizmente difundida entre o seu meio profissional, mas que, entretanto, o voluntarioso médico se recusa a seguir. Muitas vezes incompreendido por seus pares, quando não raro ouve palavras que sugerem ser a sua atitude a manifestação da hipocrisia demagógica, Roberto não se abala, pois a sua consciência lhe diz que, agindo como age, ele caminha a passos certos, como uma pessoa de bem.

Existem profissões no mundo que são missionárias por natureza, em cujas fileiras não pode o homem trabalhar simplesmente pela ambição da riqueza pessoal e desmedida, independentemente do modo pela qual essa riqueza é auferida. Por certo, todas as atividades humanas que demandam o contato entre pessoas exigem o exercício da prática do bem para que as relações sejam construtivas. Entretanto, há profissões que têm caráter divino, como as da área da saúde, da área educacional e da área da assistência social, que outorgam aos que nelas se ocupam responsabilidade maior, cujas contas serão certamente solicitadas pelo Alto, quando a consciência inexoravelmente as cobrar. Nessas áreas, não basta realizar a fria aplicação de técnicas aprendidas, mas é dever daquele que a executar envolver-se nos dramas pessoais dos assistidos, não para sofrer com eles, mas para que haja sentimento de fraternidade na ajuda empreendida. Infelizmente, o mundo automatizou os procedimentos médicos, educacionais e sociais de atendimento ao ser humano, como se este fosse uma máquina. O homem esqueceu-se de que, além do vaso físico, existe a essência espiritual, que em verdade deveria ser o foco de sua atenção, quando por certo lograria mais êxito na busca das soluções dos problemas, cujas causas é responsável por encontrar.

No dia em que o homem passar a reconhecer o espírito como elemento que anima o ser humano[10], em cuja essência residem as causas de suas patologias somáticas, de ordem mental ou física, a Humanidade dará um salto considerável na qualidade do trato dos profissionais missionários do bem para com o indivíduo.

[10]**Nota da Editora:** ver questões 22a e 23, de O Livro dos Espíritos.

Eles passarão a enxergá-lo como um ser integral, detentor de multimilenárias experiências[11], sofredor ou ditoso conforme as suas ações, mas herdeiro do mundo, como filho de Deus que é. Os procedimentos transformar-se-ão, sendo revisados radicalmente. O sorriso, o abraço, a sinceridade, o interesse em ajudar, a solidariedade e a caridade serão elementos obrigatórios no treinamento dos profissionais do futuro. Os que assim já trabalham são vanguardistas de seu tempo e preparam o solo para que muitos outros sigam seus exemplos de dedicação e de entrega ao bem.

Se tu logras, portanto, executar qualquer tarefa no campo profissional, no qual aqueles que tu atendes depositam esperanças de melhoras em tuas ações,

---

[11] **Nota da Editora:** ver capítulo V, parte segunda, de O Livro dos Espíritos.

reflete, pois, na tua imensa responsabilidade perante esses irmãos e perante a tua consciência. Para um pouco e ausculta o teu coração, indagando se tens agido como missionário divino ou se apenas te entregas à rotina do fazer igual, sem levar em consideração os problemas particulares do teu próximo. Se tu concluíres que não te encontras confortável diante do tribunal de tua consciência, não percas tempo e age para iniciar um novo tempo para a tua vida. Procura em Jesus o exemplo de como proceder com teus irmãos[12] e segue os passos do Senhor, que é terapeuta por excelência. A cada dia, assim trabalhando, perceberás que dormirás mais tranquilo, apesar do teu cansaço, quando a tua consciência te abençoará com o sono do justo, que cumpre a vontade de Deus no bem que realiza a todos que o procuram.

---

[12] **Nota da Editora:** Lc 6, 31; Mt 7,12; 22, 34-40.

“O homem de bem pensa primeiro nos outros antes de pensar em si e cuida dos interesses dos outros antes do seu próprio interesse”

O senhor Manuel é uma pessoa adorável. Atualmente conta com os seus setenta anos de idade. É aposentado, tendo se dedicado ao seu único emprego na vida, que foi de funcionário em um banco público, onde iniciou como contínuo e se aposentou como gerente de unidade. Todos os que conviveram com o senhor Manuel no trabalho lembram-se de suas características mais marcantes, que eram a gentileza no trato com as pessoas e o constante interesse em servir a quem lhe procurava. Era o exemplo de “servidor” público, pois encarava com seriedade a sua missão de trabalhar para seus clientes, na satisfação de suas necessidades possíveis de serem atendidas. Antes mesmo de existirem leis que dão prioridade de atendimento, ele já cuidava de fazer com que idosos, lactantes e portadores de qualquer necessidade especial fossem atendidos em primeiro lugar, de modo preferencial. O senhor Manuel era obediente e dedicado aos seus superiores e solícito e fraterno com seus subordinados, e sempre os via como companheiros e amigos.

Em casa e na sociedade em geral, raramente pensava em si, em suas necessidades pessoais, pois dedicava todos os seus esforços na manutenção da família de seis filhos, os quais criou priorizando e incentivando aos estudos, fazendo o possível para lhes dar condições materiais para isso. Era amigo dos vizinhos e conhecido pela sua presteza em querer ajudar nos problemas comuns do bairro onde morava.

Ninguém se conhecia que não admirasse o senhor Manuel como exemplo de um homem de bem.

~

O pensamento do homem é a porta de entrada do seu laboratório íntimo, onde se processam as ideias que dão origem às ações que executa. Quando esse laboratório está direcionado para a construção do bem no mundo, outras não são as consequências que não as atitudes que movam o indivíduo à edificação de sua felicidade. Quando, todavia, esse campo abençoado de trabalho está voltado à satisfação das paixões humanas, invariavelmente o resultado será dolorido, com o acúmulo de dívidas a serem pagas hoje ou amanhã. É no pensamento que o indivíduo inicia as suas boas ou más ações no mundo, quando ele

– autocriado ou sugerido por terceiros – toca sentimentos, constrói imagens de futuro e motiva a ação consequente.

À pessoa de bem, portanto, cabe o exercício da vigilância, em habituar-se a identificar, na fase inicial do pensamento, se ele poderá gerar ideias boas ou más, para si e para os outros, evitando que o processo mental alcance o campo da ação quando o pensamento for danoso, ou estimulando a sua execução quando ele trouxer benefício real, útil e bom a todos. Não por outro motivo que a lição evangélica nos diz para orarmos e vigiarmos sempre[13], pois que a oração nos ajuda nessa manutenção do hábito de sintonizarmos com pensamentos bons e nos abre as possibilidades de escutarmos as sugestões amigas de benfeitores que nos ajudam na existência corporal.

[13] **Nota da Editora:** Mc 14, 38; Mt 26, 41.

Quando pensarmos primeiro nos outros antes que em nós mesmos, refletindo sobre seus interesses, certamente construiremos essa sequência virtuosa e consolidaremos ações benéficas, oriundas de ideias de labor pelo bem-estar de nossos irmãos. Essa é característica dos mundos felizes, onde os habitantes cultivam pensamentos constantes em favor dos outros, em uma rede de solidariedade que não permite que uma só criatura deixe de ser contemplada com as ações benéficas de seus semelhantes.

Nesse sentido, quando pensares em agir desta ou daquela forma no mundo, reflete um pouco na ideia que te move as intenções e medita na qualidade dos pensamentos dos quais ela se originou. Se identificares que eles não são úteis e bons para teu próximo, descarta-os, tratando de engendrar esforços mentais para substituí-los por outros de cunho mais nobre. Perceberás, assim, que no exercício do cultivo de bons pensamentos em favor dos outros é que tu realmente conseguirás trabalhar na construção do bem no mundo. Ficarás feliz, então, pois finalmente te reconhecerás como um digno trabalhador de Jesus, que constantemente pensa, cria e age em favor do próximo.

"O homem de bem é bom, humano e benevolente para com todos, sem distinção de raças, nem de crenças, porque em todos os homens vê irmãos seus"

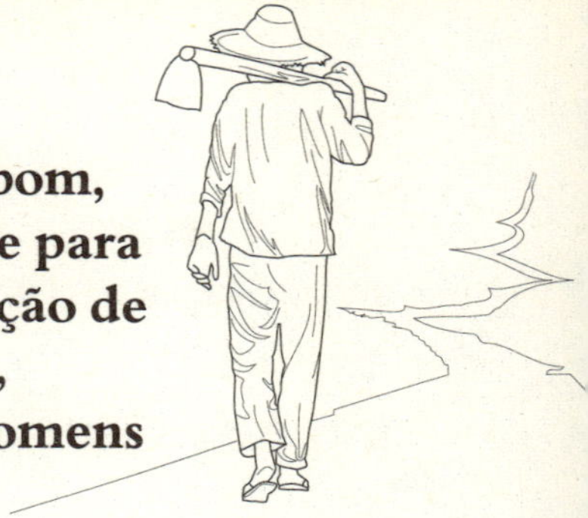

Onde quer que se encontre, Carlos exercita a sua grandiosa virtude de sorrir e de incentivar os outros à prática do bem. Sem olhar a posição social ou a crença daquele que encontra e que com sinceridade lhe pede auxílio, Carlos não se faz de rogado e procura contribuir como pode. Se pode auxiliar com algo material, por meio das diversas campanhas caritativas que coordena, ele sempre está disposto a fazê-lo, o que lhe obriga a aumentar continuamente a lista dos beneficiados, aumentando também os esforços que precisa empreender para atender a demanda sempre crescente. Atua no sentido de levar o Evangelho de Jesus aos corações aflitos, pois já compreendeu que o pão material alivia, mas somente o pão espiritual realmente cura a doença moral do homem.

Carlos reconhece, em todos os que o procuram, irmãos pequeninos que a Providência Divina lhe confia diariamente. Por isso, não obstante as imensas dificuldades que enfrenta, acolhe a todos em seu albergue comunitário, onde os perdidos e abandonados no mundo encontram conforto e uma palavra de otimismo e de fé. A atitude voluntária e sincera de Carlos desperta a bondade também nos outros, pois muitos são os que se engajam na atividade, auxiliando-o com donativos ou com a dedicação voluntária nas tarefas diárias. Carlos não se considera digno, mas todos os que o conhecem são unânimes em afirmar que ele é, de fato, um homem de bem.

A bondade é sentimento humano que provém da nossa herança divina e que nos orienta a existência, como uma bússola a nos indicar o rumo à felicidade. Por muito tempo, entretanto, não olhamos para esse instrumento divino de orientação e nos perdemos no caminho, deixando-nos orientar pelas paixões egoísticas, que nos fazem invariavelmente sofrer. Na maioria das vezes, ficamos desorientados no mar de nossos erros, até que a dor seja tal que nos faça reconhecer a nossa mísera condição de Espíritos falidos, necessitados do amor de Deus para levantar e retornar ao rumo certo. Normalmente, nesse momento de reinício da jornada, a bússola da bondade nos parece instrumento pesado demais para que o carreguemos, o que nos obriga a ter de decidir: ou nos orientamos pelo amor, carregando a bússola da bondade, ou caminhamos sem ela, confiando na nossa capacidade orgulhosa de seguir sozinhos. Quantas vezes recalcitramos, teimando em nos perder novamente! Quantas vezes voltamos a sofrer pelos mesmos motivos de outrora! A dor nos visita ainda mais forte, até que finalmente reconhecemos a nossa pequenez e nos decidimos a ser bons.

Essa é a porta estreita a que se referiu Jesus[14]: o caminho pedregoso pelo qual opta o trabalhador do bem, e que exige renúncia àquilo que o mundo chama de prazer, constante vigilância e sintonia com o mais alto. A bondade, assim exercitada, acaba por impregnar-se no ser que a pratica, transformando-se em atributo que o distinguirá positivamente no mundo. Ela é fruto do amor e por causa dele é exercitada

---

[14] **Nota da Editora:** Lc 13, 24; Mt 7, 13.

indistintamente, sem interesse outro que não seja o bem pelo bem. Ser bom é praticar os ensinos de Jesus em todos os momentos.

Se hoje tu estás engajado em uma causa de benevolência, quando contribuis regularmente com óbolos materiais, reflete um pouco no alcance dessa tua ajuda e medita se podes fazer mais. Se tu perceberes que somente o teu bolso se movimenta, sem o esforço do teu coração, trata de agir para que a tua ação que julgas meritória realmente seja útil para o teu crescimento moral. Deves considerar que seria preferível que não doasse um só centavo, e sim dedicasse uma hora do teu tempo para pessoalmente exercitares o amor com teu próprio suor. Quando assim o fizeres, perceberás o sentido da verdadeira bondade, que jamais nasce dos tesouros do mundo, mas sim da riqueza incomensurável guardada em tua consciência, que é o amor divino em ti, verdadeiro sentimento inesgotável, que pode doar sem reservas, fazendo com que, a cada doação, tu notes que cada vez mais ficas rico aos olhos de Deus.

“O homem de bem respeita nos outros todas as convicções sinceras e não lança anátema aos que como ele não pensam”

Dona Maria é uma mãe amável e bondosa. Logo cedo às voltas com o mundo, tendo a responsabilidade de criar seis filhos, trabalhou muito pela educação dos mesmos, conseguindo encaminhá-los na vida com muito sacrifício. Sua maior alegria, no entanto, é saber que todos eles são pessoas que não possuem vícios e que procuram sempre ser cidadãos e cidadãs corretos no mundo. Religiosa e fervorosa na sua crença, entristeceu-se quando apenas dois de seus filhos seguiram a sua religião, e ainda assim de forma protocolar. Quase todos resolveram se converter a outras crenças. Diante de tal quadro, dona Maria compreendeu que a tolerância religiosa é virtude que deve ser exercitada por todo aquele que diz acreditar em Deus e, agora, ouve a pregação de cada filho com paciência e amor, e, ao final, apenas diz com lágrimas nos olhos: "Meu filho, a única certeza que tenho em meu coração é que eu te amo muito. Que Deus nos abençoe!"

A partir dessa experiência com seus filhos, dona Maria passou a entender melhor os mecanismos pelos quais Deus se utiliza para espalhar os seus ensinamentos na Terra. Hoje, ela recebe com um sorriso no rosto qualquer um que venha lhe falar sobre suas convicções religiosas, sem, porém, deixar de ter as suas. "Deus é um só, meu irmão. Ele pede apenas que nos amemos", repete a todos que tentam, sem sucesso, convertê-la, pois vê, em cada irmão de religião diferente da sua, um filho amado. Dona Maria compreendeu que uma mãe só deve ter uma religião no mundo: a religião do amor incondicional. "O direito de toda mãe é o de amar, e o seu dever maior é o de amar sem distinção", costuma falar. Todos os que convivem com dona Maria sentem-se seus filhos também, pois ela irradia esse amor maternal. Dona Maria é uma pessoa de bem.

O sentimento religioso é inato ao ser humano. Desde a sua criação, possui o homem essa fagulha divina, que lhe remete, consciente ou inconscientemente, à adoração a Deus[15], reconhecendo-O soberano e, mais adiante, impelindo o homem a respeitá-Lo e a amá-Lo. Todas as causas dos males morais são originadas quando o homem se afasta de Deus, pois, assim procedendo, se distancia de sua

[15] **Nota da Editora:** ver a questão 650, de O Livro dos Espíritos.

destinação, que é a de crescer pelo amor e ser feliz. Apesar desse distanciamento, ao final, também chegará a Deus, mas pelos duros mecanismos da dor.

A história humana é vasta em exemplos de intolerância religiosa, que causaram muito sofrimento, elegeram mártires e desencaminharam o progresso do homem, retardando a sua marcha pelo fanatismo ou pelas conveniências de poucos. Hoje, contudo, a falta de amor para com a crença alheia não tem mais espaço no mundo, quando a cada dia é alijado do lugar comum todo aquele que assim ainda procede. A tolerância religiosa é o início do processo de transformação do planeta em mundo regenerado, quando a fraternidade imperará, sem distinção alguma. Para o cristão sincero, o respeito às convicções dos outros é dever absoluto, pois deriva esse sentimento do amor ensinado pelo Cristo.

"Amai-vos uns aos outros, como eu vos amei"[16], disse, sem impor condições, sem ressalvas, sem distinções.

Quando tu estiveres em ação desenvolvida por causa de tua crença religiosa, lembra-te de que tu pertences a uma só família, que é a Humanidade. Recorda que és filho de Deus e que todas as suas criaturas são teus irmãos, a quem te cabe o dever de amar. Se eles hoje se encontram em posição divergente no campo das ideias religiosas e mesmo que eles lancem anátemas contra as tuas convicções compreende, perdoa e ama, pois que cada um tem o seu tempo de aprender a amar. Continua o teu trabalho na exemplificação prática daquilo que professas, pois somente quando a filosofia doutrinária se transforma em ação no bem é que ela realmente consegue

[16] **Nota da Editora:** Jo 13, 34; 15, 12.

convencer a quem por ela se inclina. Assim, avia-te na reflexão sobre a tua participação na comunidade religiosa à qual te vinculas. Verifica se as tuas crenças estão congruentes com as tuas obras e age por assim caminhar, lembrando-te de que a tua fé será sempre mais respeitada pelos outros quando a exemplificares com amor e desapego.

“O homem de bem, em todas as circunstâncias, toma por guia a caridade”

Flávio é um homem que respira benevolência. Com sorriso constante no rosto, pacifica as situações mais difíceis pela calma e pela paciência, pois compreende que todos podem ter o seu momento de desequilíbrio moral, considerando que estagiamos ainda em uma faixa de erros e acertos. Se lhe ferem com palavras ou atos menos dignos, releva e perdoa, preferindo acreditar que quem assim procede é merecedor de seu respeito e de sua ajuda. No trabalho, colabora positivamente, estando sempre disposto a exercer aquelas funções que ninguém quer assumir, por preguiça ou orgulho. É constantemente procurado a dar conselhos, a orientar, a consolar seus colegas quando estes passam por dificuldades diversas. Em casa, é filho dedicado e amoroso com sua mãe e seus irmãos, cumprindo com seus deveres familiares. Ninguém entende por que se mantém solteiro, mas ele, por caridade, decidiu que seu tempo livre seria dedicado aos pobres e desvalidos. Por isso, todos os dias sai, juntamente com um grupo de amigos, a espalhar óbolos de amor aos necessitados pelo pão material e pelo alimento espiritual do Evangelho de Jesus.

Tem plena confiança no porvir, por isso é um otimista inveterado. Acredita piamente nas promessas do Cristo e cumpre os seus deveres de amar ao próximo em todas as circunstâncias possíveis. Lamenta quando erra ou perde a oportunidade de fazer o bem, mas imediatamente recupera o ânimo, praticando a caridade consigo mesmo. Todos se sentem bem ao lado de Flávio. Todos reconhecem o seu valor. Não há quem não considere Flávio um homem de bem.

Não há outro meio de avançarmos neste mundo rumo à felicidade, se não for por intermédio da caridade. Essa ação, que é filha imediata do amor, e para o qual empresta movimento, é o veículo santo pelo qual Deus nos guia no planeta. O mundo em que vivemos nos oferece um laboratório rico em oportunidades de experimentarmos a caridade. Seja pela minoração da dor física, seja pelo alívio da dor moral de outros, temos constantemente à nossa frente esta ou aquela criatura aguardando a nossa decisão em praticar o amor. Essa prática, todavia, é melhor aproveitada quando entendemos o porquê de precisarmos tanto dela para caminharmos em direção a Deus. Quando exercitamos a nossa autoanálise, reconhecendo o nosso papel de filhos de Deus e, portanto, a nossa posição de irmãos de todos os homens, passamos a enxergar na caridade o nosso dever natural.

Amar a si mesmo é o primeiro passo para a prática caridosa eficiente e cristã para com os outros. O cuidado com a saúde, o amor ao veículo carnal que Deus nos concedeu para trabalhar no mundo é nossa obrigação. Perdoar-se quando a queda surgir também é ato de amor e exercício de caridade, pois que isso nos fará mais dóceis em perdoar nossos irmãos, tendo em vista que reconheceremos o direito que eles também têm de errar. A alegria estampada pelo sorriso constante, mesmo que por dentro a dor esteja latente, é também gesto de caridade para com os irmãos, pois que ninguém tem o direito de levar a tristeza aos outros, mas sim o dever de erradicá-la ao seu redor.

Para tamanha exemplificação, não precisa o homem esperar pelo aquinhoamento de riquezas, mas apenas decidir-se em dedicar as horas do dia nessa prática. Vale lembrar que não se pode ser um no trabalho, outro em casa e outro nas fileiras da caridade. O verniz do qual muitos se impregnam é facilmente detectado quando as dificuldades aparecem, afastando das frentes de serviços os que "são caiados por fora e podres por dentro[17]". O sorriso, o abraço, o consolo, a palavra amiga, a gentileza, a presteza e a dedicação são tesouros de que dispomos em abundância para doar e que não dependem de nossa posição social, de nossas riquezas, de nossas crenças

[17] **Nota da Editora:** Mt 23, 27.

religiosas, de nossa raça ou de nossa nacionalidade. Não terá, portanto, o homem conhecedor dessas verdades, desculpa a oferecer à sua consciência quando esta lhe cobrar contas do tempo empregado no mundo. O mal que se deixou de fazer é ação meritória, entretanto, a maior dívida será sempre pelo bem oportunizado e não executado, pelo tempo perdido e pelo trabalho abandonado.

Portanto, se hoje tu decidiste trabalhar pela tua felicidade no mundo, para um pouco e medita no que tens feito em favor dos outros, com desinteresse. Contabiliza quantos já consolaste, quantos abraçaste, a quantos endereçaste um sorriso fraterno, a quantos visitaste nas provas. Reflete no tempo que empregas para este mister e verifica se o saldo de tua conta espiritual pode te granjear o sono do justo, pela consciência tranquila do dever cumprido.

Caso percebas que o que fazes é nada ou muito pouco diante de tuas possibilidades, apressa-te em mudar de hábitos e trabalha em favor de ti mesmo, pela dedicação sincera aos outros. Reconhecerás, com o tempo, que essa tua decisão para o bem te encaminhará, a cada dia, em direção a um estado de felicidade tal, que a caridade não será mais um exercício, e sim o resultado do teu hábito amoroso para com todos os que te cercam.

“O homem de bem não alimenta ódio, nem rancor, nem desejo de vingança”

Quando aquele acidente arrancou-lhe o filho amado, por meio da imprudência de um motorista alcoolizado, Tenório quase enlouqueceu. Revoltado com o fato, desconjurava o homem que causou a morte do filho, empregando todo o seu tempo e concentração no que chamava de “fazer justiça”. Não resolveram os pedidos de perdão do acusado da tragédia, que respondia a processo no Poder Judiciário, em liberdade, encontrando-se profundamente arrependido do que fez, o que o motivou a envolver-se com a prática do bem, quando tratou de ao menos dar um rumo digno à sua existência, em face da culpa que sua consciência o fazia carregar e cuja intensidade Tenório, com sua campanha por "justiça", aumentava em seu coração. A revolta do pai que estava enceguecido pelo desejo de vingança só foi se esvair quando Tenório recebeu uma carta psicografada de seu filho, na qual, entre detalhes pessoais impressionantes, pedia ao pai renitente: "Pai, perdoa. Eu estou vivo. Todos podemos errar um dia. Entrega na mão de Deus e confia. Esquece, ama e perdoa. Utiliza o teu tempo em ajudar aos outros."

Tenório mudou radicalmente. Após muito refletir, decidiu procurar em particular o algoz de seu filho e comunicar-lhe que o perdoava, arrancando lágrimas do pobre homem arrependido. Tenório iniciou, assim, a sua jornada de transformação. Aproveitou a sua estrutura de mobilização por justiça e a converteu em uma instituição de apoio psicológico e espiritual aos pais que passam por situações idênticas a dele. "Ama e perdoa" é o lema que se prega na instituição de Tenório. Hoje ele é feliz. Hoje ele é um homem de bem.

A ausência do perdão é poderosa algema de aprisionamento do homem. Tanto para quem comete o delito, quanto para quem é a vítima, a misericórdia é o remédio da liberdade espiritual necessária à volta ao caminho da felicidade. Sem esse sentimento no coração, permanecerá o homem algemado ao erro cometido por ele ou por seu próximo contra si. Aquele que comete um crime precisa iniciar o processo de reparação o quanto antes, começando por autoperdoar-se, para que tenha condições psíquicas de reerguer-se. Aquele que é a vítima deve reconhecer que a lei divina está operando com a sua justiça, ajustando contas com o que cometeu no passado e que hoje tem a bênção de resgatar. Assim compreendido, não há outra alternativa que não seja perdoar e esquecer o mal sofrido por outrem, pois que ontem possivelmente fomos nós quem precisamos do perdão.

O ódio e o rancor alimentados pela vítima ou por seus parentes que têm "sede de justiça" são chagas que se espalham rapidamente pelo corpo, cujas consequências somáticas serão dolorosas, enquanto não se decidam em caminhar pelo perdão. Não foi por outro motivo que o Cristo Jesus nos aconselhou perdoarmos indefinidamente, deixando que a Justiça Divina cuide da cobrança, "ceitil por ceitil". Devemos recordar que o ódio e o rancor são sentimentos facilmente irradiados no mundo, sendo a causa de todas as guerras, aliadas à ambição desmedida do homem. Quando esses sentimentos se instalam em nós, travam a guerra particular com a nossa consciência, que nos cobrará sempre a prática do amor, que é atributo divino que possuímos desde a nossa criação, mas que muitas vezes ainda se encontra latente e desconhecido por nós mesmos. É dever do cristão, portanto, reconhecer essa erva daninha que invade o jardim do coração e arrancá-la para que não acabe sufocando as sementes do amor que possuímos e que precisam crescer.

Por isso, se hoje te encontras mergulhado no desejo fixo de vingança, movido pelo ódio e pelo rancor causado por uma ação infeliz do teu irmão, para um pouco e olha para trás. Se meditares profundamente, perceberás que tu mesmo também és passível de erro e carecedor do perdão dos teus irmãos. Se não conseguires encontrar no passado delito algum que te condene, levanta as mãos para o céu e agradece a Deus, pois que Ele já te considera digno de exercitares o amor, pelo esquecimento das faltas dos outros. Lembra-te, nessa hora, de Jesus, que sofreu todas as humilhações possíveis, mas ainda entoou o cântico libertador do "Pai, perdoa-lhes, pois eles não sabem o que fazem"[18]. Alegra-te, pois que perdoando estarás abrindo a porta da liberdade dupla: para ti, rumo ao céu glorioso, e para teu irmão, que sairá de sua própria culpa, renovado e apto a imitar-te o gesto de paz, colaborando com Deus na Terra.

---

[18] **Nota da Editora:** Lc 23, 34.

“O homem de bem é indulgente para as fraquezas alheias”

Júlia é uma simples dona de casa. Casada há mais de vinte e cinco anos, tem no marido e nos três filhos seu alvo de dedicação constante, aos quais sempre está disposta a ajudar, servir e amar. Ela, todavia, luta diariamente contra dificuldades da personalidade dos quatro homens que Deus lhe confiou em família. Seu marido, não obstante ser um homem trabalhador e responsável, vez por outra chega alcoolizado em casa, mormente passando mal pelo exagero no consumo de bebidas. Procurando ajudá-lo com palavras que tentem encorajá-lo a mudar de hábitos para o seu próprio bem, Júlia recebe de volta impropérios desferidos pelo marido, que ela recebe como se fossem causados pelos efeitos do álcool, por isso o perdoa. Seu filho mais velho, observando os maus hábitos do pai, aliado aos seus próprios pendores, acabou enveredando pelo mesmo caminho do alcoolismo, mas dessa vez trazendo consequências maiores. Não raro vemos Júlia sendo obrigada a pedir aos outros irmãos que a ajudem a resgatar o mais velho, estendido nas calçadas das ruas, desacordado pelo coma alcoólico em que vez por outra se deixa ficar. Nos momentos de lucidez, mesmo sendo cercado de todo o carinho maternal, o primogênito se recusa a seguir os conselhos da mãe, que lhe oferece o concurso da internação em clínica de reabilitação, franqueada pela ação de amigos caridosos que se compadecem do sofrimento diário de Júlia. Apesar das constantes negativas do filho, quase sempre acompanhadas de reações menos nobres, Júlia continua amando-o e servindo-o. "O que é que eu posso fazer se eu os amo do fundo do meu coração?!", repete às pessoas que não se conformam com a sua entrega à família problemática, quando doa pétalas de amor, mas comumente recebe de volta espinhos de incompreensão e indelicadeza por parte do pai e do filho.

A nobre mulher luta e sofre, ama e não desiste de tentar recuperar os seres amados. Tem fé em Deus e carrega a sua cruz com destemor, não obstante a torrente de lágrimas que, volta e meia, a acompanha, quando intimamente ora ao Senhor Jesus e à Santa Maria, pedindo-Lhes força e coragem, com o fortalecimento de sua fé, pela manutenção da esperança sempre viva. Júlia é um exemplo de perseverança e dedicação. Todos a admiram como uma pessoa reconhecidamente do bem.

Todas as fraquezas do homem provêm do orgulho e do egoísmo que nele se fazem presentes. Quando reconhece essa verdade, o ser humano passa a compreender a sua condição de escravo de muitos vícios e paixões, originados pela manutenção de hábitos menos nobres, muitas vezes inconscientes, que o fazem estacionar na senda do progresso moral, prejudicando a si e aos que o cercam. No momento em que passa a compreender essa sua condição de Espírito fraco e viciado, o indivíduo inicia a sua mudança, pelo reconhecimento da necessidade de fazer algo em favor de si mesmo, pelas suas próprias forças. Aquele que já passou por semelhante situação, por sua vez, está habilitado a entender os seus irmãos que ainda transitam por essa fase de aprendizado pela dor, não obrigatória, mas quase sempre presente na vida da Humanidade terrena.

Quando nos tornamos indulgentes para com as fraquezas alheias, reconhecemo-nos no outro, enxergando nele os mesmos defeitos que tínhamos antes ou que ainda possuímos, mas que agora fazem parte do rol de tendências, as quais já estamos empreendendo esforços constantes em extirpar. Ser indulgente para com as fraquezas do outro não é ignorá-las como se não existissem. Ao contrário, é reconhecê-las como mote para a nossa ação caridosa, oferecendo-nos ao outro com o que nos for possível fazer, amparando e consolando aqueles que fraquejam. É a exemplificação da máxima do Cristo de amar ao próximo como a nós mesmos[19], pois que somente assim procedendo conseguiremos nos livrar de nossas próprias fraquezas, reconhecendo que não há mal no mundo que resista à força transformadora do amor.

---

[19] **Nota da Editora:** Mc 12, 31; Mt 22, 39.

Se hoje tu já compreendes o lema amoroso do Cristo e já possuis a consciência da necessidade de aplicá-lo em indulgência aos teus semelhantes, inicia dando o primeiro passo em direção àquele teu companheiro do caminho que mais te incomoda o coração. Coloca-te em uma posição de humildade e abre o teu sentimento a ele, oferecendo o teu ombro amigo e a tua mão generosa em seu favor. Se o teu gesto não surtir o efeito desejado, perdoa e prossegue tentando, seguindo o teu caminho, confiando que um dia, pela força da lei divina do progresso, o teu irmão compreenderá que os teus esforços são dignos e sinceros. Nesse momento receberás uma chuva de luz em teu espírito, pelo reconhecimento de todos os que tu perdoaste e amaste, no exercício que iniciaste lá atrás, dando o primeiro passo com Jesus.

“O homem de bem nunca se compraz em rebuscar os defeitos alheios, nem, ainda, em evidenciá-los. Se a isso se vê obrigado, procura sempre o bem que possa atenuar o mal”

Carla é uma trabalhadora do bem. Em sua atividade semanal, na qual tem a função de conversar com as pessoas que chegam à instituição em que trabalha voluntariamente, quando ouve os lamentos, as dúvidas, o desespero e o sofrimento moral que a muitos acomete, com um sorriso franco no rosto e a palavra amiga sempre presente, procura fazer com que os irmãos que a buscam para atendimento fraterno enxerguem a vida pelas lentes do amor, deixando de se fixarem somente no erro, na tragédia, nos defeitos que possuem, para também considerarem todas as suas potencialidades na construção do bem. Raramente um irmão necessitado não sai de uma conversa amiga melhor do que como quando entrou. Mais pela energia do sentimento sincero e nobre que pelas palavras em si, Carla cumpre o seu papel de provocar em seus irmãos o início de uma reflexão íntima sobre a vida e seus objetivos existenciais.

A nobre trabalhadora do bem igualmente age fora da instituição, aproveitando qualquer momento do cotidiano para também exemplificar aquilo já aprendido. Aqui, uma colega de trabalho, desequilibrada emocionalmente pelos problemas com o companheiro do lar, recebe a palavra discreta e amiga de Carla, incentivando-a à paciência e à tolerância. Ali, alguém que lhe fere os sentimentos pela calúnia ou que lhe prejudica o ambiente pessoal pela irradiação da mentira ou da palavra maledicente, obrigando a consciente trabalhadora a se posicionar firmemente, mas em particular com o caluniador, para lhe chamar a atenção sobre os prejuízos que vem causando ao ambiente coletivo, com a consequente sanção que sofrerá, caso não se decida a mudar. O exercício no bem que sai do laboratório divino e vai à prática no dia a dia faz com que todos reconheçam a querida Carla uma pessoa de bem no mundo.

A prática do autoconhecimento eleva o homem à categoria daqueles que sentem a necessidade de se melhorar pelo convívio com seus semelhantes[20]. Ao entrar em contato constante consigo mesmo, analisando seus pensamentos comuns, suas ideias e sua ações consequentes, o homem

[20] **Nota da Editora:** ver questão 919, de O Livro dos Espíritos.

passa a se identificar como individualidade criada por Deus, pleno de possibilidades transformadoras, com o objetivo de ser feliz. Nesse momento, que é obrigatório na jornada evolutiva do ser, o homem se reconhece possuidor de muitas falhas, quase todas elas iguais àquelas que costuma condenar em seus semelhantes. Ao se perceber dessa forma, o indivíduo compreende melhor a necessidade de autoperdoar-se, para seguir adiante consciente do imperativo de reparação, mas livre da culpa que muitas vezes o aprisiona ao erro cometido no passado. Aquele que exercita essa autoanálise e tem a consciência do erro cometido e da consequente necessidade de autoperdão e de reparação, enxerga o mundo com novas lentes de possibilidades infinitas, pois que observa em seus irmãos do caminho os mesmos seres igualmente passíveis de erro e também necessitados dessa iluminação interior pelo conhecimento de si mesmo.

Os ensinamentos de Jesus são as ferramentas de que o homem dispõe para se fortalecer em favor de si mesmo e do próximo. A lição do argueiro e da trave, o perdoar setenta vezes sete vezes, o atirar a primeira pedra, o bom samaritano e tantas outras passagens evangélicas do Senhor são luzes no caminho do homem decidido a se melhorar. Com o Cristo, o ser humano realmente caminhará para a plenitude do autoconhecimento, e se estimulará a sair pelo mundo praticando as máximas do Senhor nas menores situações do dia a dia. No outro que ainda erra e recalcitra, o cristão sincero enxergará a si mesmo, no ontem, compreendendo que o irmão necessita de sua mão aberta e estendida, apta a ajudá-lo quando assim ele se decidir.

Por isso, se tu hoje estás em conflito com a tua consciência, a qual te pede que perdoe o amigo que te ofendeu de alguma forma, medita um pouco e ouve as vozes do bem as quais tu já tens o privilégio de que a ti se dirijam. Perceberás que o teu irmão, em verdade, clama por tua atenção benigna junto dele, necessitado que está de empreender o mesmo processo de iluminação que já iniciaste. Compadece-te do teu companheiro de jornada e abre o teu coração sincero e desejoso de ajudar, discretamente, fazendo com que ele se sinta envolvido pela mesma vibração de amor que tu já possuis. Compreenderás, assim, que o ciclo infinito de autoconhecimento, perdão e amor aos outros já está sendo exercitado por ti, quando passas dessa forma a enfileirar-te na ordem dos trabalhadores do Cristo, que constroem o seu reino de amor aqui no planeta Terra.

"O homem de bem estuda suas próprias imperfeições e trabalha incessantemente em combatê-las"

Após mais um dia de lutas no mundo, Benedito procura se recolher em oração, antes de iniciar o sono reparador. A rogativa do irmão que já trabalha vinculado em uma atividade no bem, colaborando duas vezes por semana na feitura da sopa fraterna que é distribuída a irmãos moradores da rua, é sempre revestida de sincera emoção, pois que repassa humilde as suas atitudes diárias, seus pensamentos e as oportunidades que teve de fazer o bem, elencando os pontos que julga necessitados de melhoria para ser um cidadão digno de ser chamado cristão. No outro dia, esforça-se para agir de acordo com o que detectou na noite anterior.

Se reconhece em si um vício que se repete frequentemente e que lhe acusa a consciência, vigia no sentido de identificá-lo de pronto, quando as ocasiões de lhe darem mostra acontecerem. Se ele chega à conclusão de que precisa procurar o irmão que por algum motivo tratou mal, apressa-se em pedir o necessário perdão, humildemente, aliviando o peso de sua carga consciencial do caminho. Benedito habituou-se em assim agir e hoje não consegue passar um só dia com pendências novas, causadas por suas atitudes de ontem, procurando reconhecê-las e, humilde, repará-las, quando estiver ao seu alcance. Benedito sabe que muito precisa melhorar, entretanto, já tem a segurança de que o seu hábito diário o credencia a ser um homem de bem no mundo.

Muitos são os cristãos que se arvoram em querer dedicar-se à caridade, ao estudo ou a qualquer outra atividade iluminativa e nobre de uma forma exagerada, entregando-se, no início, a uma carga de compromissos muito acima da que a sua estrutura de abnegação pode hoje comportar. Nas primeiras dificuldades, que são comuns no caminho daqueles que se decidem a carregar a sua própria cruz ao lado do Cristo, afastam-se pesarosos, envergonhados ou ainda orgulhosos, distribuindo um rol de culpas aos seus companheiros de jornada, geralmente indicados como causadores do seu afastamento do trabalho. A falta do hábito sadio de perscrutar diariamente e com humildade a própria consciência, com o sincero objetivo de se melhorar, é, quase sempre, a principal causa da falência dos neófitos nas causas de Deus no mundo.

Essa atitude diária e permanente, o exercício de nos colocarmos humildes diante do Senhor, abrindo nossos corações, reconhecendo nossas falhas, nossos erros, alegrando-nos pelos acertos, identificando oportunidades perdidas de fazer o bem e relacionando as providências reparadoras para o dia seguinte, deve se tornar hábito de todos os que já temos a consciência de trabalhar na construção do Reino de Deus na Terra. Lembremos que o próprio Cristo nos deu o exemplo, quando no seu Evangelho indica que o hábito do recolhimento em oração Lhe era comum, entretanto, nem sempre sendo acompanhado de seus discípulos, que muitas vezes dormiam envolvidos pelos interesses do mundo[21].

[21] **Nota da Editora:** Mc 14, 35-36; Mt 26, 39-40.

Portanto, se hoje te reconheces como um trabalhador do Cristo na Terra, asserena o teu coração e procura habituar-te ao recolhimento e à oração diária, meditando em tuas atitudes mais íntimas. Decerto, no início, perceberás que há muito que se caminhar na esfera da eliminação de tuas más tendências. Entretanto, tu te sentirás revigorado e feliz, pois que terás a certeza de que verdadeiramente estás no caminho certo, quando, no dia seguinte, começares a realizar o que planejaste com Jesus, em favor dos teus irmãos.

"O homem de bem não procura dar valor ao seu espírito, nem aos seus talentos, a expensas de outrem"

Quando dona Luíza chega à sua casa de assistência social aos pobres, fundada por ela e por um grupo de irmãos abnegados, é logo reverenciada pelos companheiros de lutas, que se alegram e se sentem aliviados com a sua presença, tal o quilate espiritual já conquistado pela nobre mulher. Sua grandeza de espírito é um lenitivo àqueles que marcham com ela, enfrentando as dificuldades de administrar os conflitos que uma casa de amor como a que dirigem sempre apresenta. Não obstante os percalços do caminho, dona Luíza é exemplo de líder no mundo, mostrando-se sempre disposta a sorrir e a ouvir os seus liderados, que comumente disputam a sua atenção, em um processo às vezes inconsciente de luta pelo "poder". Sabedora de sua responsabilidade perante aquele rebanho que lhe foi confiado por Jesus, dona Luíza exercita a humildade em todos os momentos, quando repete a velha frase ao ver seu nome exaltado por frequentes elogios do mundo: "o que é uma formiguinha diante da grandeza do Universo? Eu não sou nada sem vocês!".

Diante de suas responsabilidades, dona Luíza tem a consciência da necessidade de manter em harmonia a sua família espiritual no mundo, preocupando-se com o bem-estar de cada colaborador do Cristo, percebendo o momento de conversar fraternalmente, estimulando que os irmãos do trabalho no bem constantemente expressem seus sentimentos, relatando ao grupo suas angústias e dificuldades, para que o próprio grupo seja catalisador de soluções. Dona Luíza exerce a sua liderança com naturalidade, não porque se impõe como líder, mas porque os seus liderados a reconhecem como tal, pelo respeito e pelo amor que irradia. Seja nos momentos felizes, quando ressalta a necessidade de louvar a Deus pelas bênçãos recebidas, seja nas dificuldades, quando realça as virtudes que todos os trabalhadores possuem e que os habilitam a vencer os percalços do caminho, dona Luíza demonstra a sua grandeza de espírito, pelo carinho, pela paciência, pelo amor que espalha, sendo considerada em sua sociedade uma mulher valorosa, abnegada e que produz o bem no mundo.

Nas lides do bem, muitos são os esforços dos companheiros encarnados em construir instituições eficazes no atendimento dos objetivos concretos, no campo da assistência social ou na contagem do número de assistidos que lotam as dependências desta ou daquela casa benemerente. Ali, um dirigente contabiliza as graças espalhadas pela quantidade de cestas de suprimentos que conseguiu arrecadar, sendo o resultado tantos por cento maior que no ano anterior. Acolá, felicitam-se os trabalhadores porque a casa de assistência está conseguindo atender aos necessitados da rua, pelo convênio firmado com a prefeitura, que transfere os recursos necessários à manutenção do trabalho. É sempre merecedora de nossos sinceros aplausos toda e qualquer iniciativa de assistência no mundo, quando eivada de intenções nobres e desinteressadas. Todavia, são poucos os grupos assistenciais que trabalham, durante a execução das tarefas, com o amor ensinado pelo Cristo, no trato de uns para com os outros. Mirando-se nos números, esquecem-se do ser humano, do companheiro de jornada e do principal: o valor do momento da "viagem". Mais que chegar ao destino, "sãos e salvos", cumpre observar que a qualidade da "viagem" é que fará a diferença no crescimento espiritual de cada "passageiro".

Quando esteve viajando conosco no plano físico, ensinou-nos o Cristo Jesus que precisamos, primeiro, harmonizarmo-nos com os companheiros do caminho, antes de chegarmos ao destino, que é Deus[22]. De nada nos valerão louvores e cânticos ao Senhor, a entrega das riquezas ao mundo, ou a demonstração da fé publicamente, com a utilização de prosélitos diversos, se em nosso íntimo não estivermos bem com nossos irmãos, sejam líderes ou liderados. O verdadeiro cristão,

[22] **Nota da Editora:** Lc 12, 58; Mt 5, 23-24.

assim, tem a obrigação de a isso compreender mais facilmente, cabendo-lhe dar o primeiro passo em direção à harmonia e ao equilíbrio do grupo no qual se encontra, quando as dificuldades se apresentarem.

Se hoje te encontras vinculado a uma tarefa em prol do bem-estar físico ou espiritual do outro, sendo líder ou liderado, reflete nas tuas ações enquanto a executas, e medita se tens seguido o lema do Cristo de amar ao próximo como a ti mesmo. Caso percebas que nem sempre ages com o necessário amor, esquecendo-se de perdoar, ou mesmo surpreendendo-te em ações maledicentes ao se deparar com o erro de outrem, para um pouco e revisa os teus objetivos com a tarefa que empreendes. Pensa em Deus e notarás que precisas agir com Jesus, pegando em sua mão e voltando ao caminho correto do verdadeiro amor, para que os teus esforços diários nas lides da caridade não sejam inócuos. Assim procedendo, encontrarás mais alegria no trabalho, quando terás a certeza de que tudo o que fizeres pelos teus companheiros se reverterá em benesses fortalecedoras para o teu Espírito.

“O homem de bem não se envaidece da sua riqueza, nem de suas vantagens pessoais”

Aos olhos do mundo, Luiz Henrique é um homem rico. Nascido em família cujo pai trabalhou muito para granjear um conforto material, aprendeu desde cedo, com seus pais, que o dinheiro que possuíam era fruto do trabalho justo e motivo para ficarem sempre alertas quanto ao compromisso de ajudar aqueles desafortunados da vida. De forma prudente e sábia, Luiz Henrique deu continuidade ao trabalho de seu pai, multiplicando os recursos pelo emprego do conhecimento intelectual que teve a bênção de adquirir, aproveitando a oportunidade de estudo nas melhores escolas do mundo.

Ciente de sua responsabilidade na sociedade em que vive, tratou logo de dar um destino nobre à parte de sua riqueza, fundando uma instituição sólida de amparo material e espiritual aos pobres e necessitados. De uma forma organizada, honesta e sustentável, Luiz Henrique hoje se sente feliz pelo crescimento das possibilidades de ajudar aos mais necessitados, com a adesão constante de novas pessoas que se inspiram em seu exemplo de trabalho e desapego. Para Luiz, hoje, sua maior alegria é estar trabalhando pelos outros, aliviando as dores, consolando os que precisam e proporcionando perspectivas de vida digna àqueles que não as encontrariam no meio em que vivem, ladeados pela violência e pela miséria. Pela sua dedicação, muitos são os irmãos que saem da instituição dispostos a voltar às suas comunidades com o objetivo de serem agentes de transformação das mesmas, para o bem e pelo bem. Luiz Henrique poderia ser mais rico no mundo, isolado em sua realidade abastada, mas decidiu seguir a sua consciência e trabalha, com Jesus, como homem de bem que é.

Muitos são os irmãos queixosos de suas condições nesta vida, pela pobreza ou pelas dificuldades que volta e meia lhes visitam a organização financeira. Este reclama por não possuir um veículo de transporte que lhe proporcione trabalhar mais pelos outros. Aquele, em lamentos quase que diários, entristece-se por não poder doar comida aos que têm fome e roupas aos moradores da rua, justificando, por isso, sua ausência nas atividades benemerentes. Outro espera aquinhoar um pouco mais de recursos para que lhe sobre tempo a dedicar-se aos trabalhos caritativos. Esquecem-se, todavia, de que a caridade verdadeira não nasce do ouro, mas do tesouro divino que todos temos no coração, que é o amor.

Não por outro motivo que o Cristo Jesus, ao ser interrogado pelo jovem mancebo rico sobre como ele poderia adentrar o reino dos céus, respondeu objetivamente para que o jovem vendesse toda a sua riqueza, distribuísse aos pobres e o seguisse[23]. Sem querer menosprezar as bênçãos da riqueza, que são importantes para o progresso do mundo, Jesus nos ensina que nenhuma fortuna pode comprar a felicidade do homem, mesmo que ele doe tudo aos pobres, se essa demonstração de desapego não for fruto do amor verdadeiro, somente alcançável no momento em que decidimos seguir Jesus de coração. Com o Cristo em nossas almas,

[23] **Nota da Editora:** Lc 18, 22; Mc 10, 21; Mt 19, 21.

compreendemos que a riqueza é bênção de possibilidades divinas, que nos torna responsáveis por sua administração para a geração do bem transformador do mundo: nem o apego excessivo que nos faz prisioneiros do dinheiro nos cárceres dos cofres, nem a distribuição irresponsável que nos torna falidos, sem ter proporcionado melhorias que ajudariam de fato nossos irmãos a evoluírem moralmente. Como os talentos da parábola, a riqueza deve ser aplicada para que Deus, ao nos pedir contas, encontre-a multiplicada a cem por um.

Assim, se hoje a voz da tua consciência bate à porta do teu coração, iniciando a tomada de contas do emprego que fazes da tua riqueza no mundo, alegra-te, pois que esta é a oportunidade que possuis para refletires, com Jesus, sobre o início da tua caminhada à felicidade que ainda não conseguiste adquirir nas prateleiras da vida. Medita nas lições do Cristo e percebe o quanto podes colaborar com a sua obra na Terra, engajando-te a tantas iniciativas nobres que existem em favor dos desvalidos e mais necessitados. Dá um fim louvável ao teu dinheiro, mas lembra-te de que tu, pessoalmente, deves estar junto do trabalho assistencial ao teu irmão, pois que a prática do amor que vai te transformar o espírito é o verdadeiro tesouro que Deus te concede, de forma pessoal e intransferível.

"O homem de bem usa, mas não abusa dos bens que lhe são concedidos"

Todos no hospital infantil conhecem a querida Norminha. Não há um só fim de semana em que ela não compareça junto aos leitos das crianças doentinhas, devidamente caracterizada de doutora da alegria, juntamente com mais dois companheiros do bem, a contar historinhas, a cantar e encenar, ofertando algumas horas de paz, nas quais os pequenos pacientes, ao lado de seus pais, podem sorver ensinamentos de esperança, de fé e de amor, embasados no Evangelho de Jesus.

Norminha teve todas as oportunidades para ser uma artista do mundo. Com talento incomum, desde criança já demonstrava seus pendores artísticos para o canto e para a interpretação. Seus pais, ricos e cheios de possibilidades, estimularam-na a, em concomitância aos estudos, praticar música e teatro, momento em que Norminha pôde se aperfeiçoar ainda mais. Poderia ter descambado para uma vida de sucesso aos olhos do mundo, pelo grande talento que possui, mas um fato inusitado a fez mudar de ideia: quando Norminha se preparava para participar de sua formatura, a filhinha da empregada doméstica do seu lar caiu muito doente e teve de ser internada às pressas em um hospital público. Visitando a pobre doentinha, a quem conhecia desde o nascimento, sendo sua madrinha de batismo, Norminha foi surpreendida pelo pedido inesperado da pequena menina, quando em meio à febre alta e às dores que sentia, suplicou:

– Madrinha, canta para mim?

Norminha então cantou todas as musiquinhas infantis que sabia e contou muitas historinhas à criança doente que, alegre e sorridente, acompanhava os gestos da interpretação que sua madrinha empostava às palavras. No dia seguinte, os médicos, surpreendidos com a melhora rápida da pequena criança, deram-lhe alta. Norminha, a partir daí, compreendeu que Deus lhe mostrava como deveria empregar os bens espirituais que a ela foram concedidos, para que se tornasse uma pessoa de bem no mundo.

Demoram os homens no mundo a compreender o sentido das bênçãos que Deus nos concede diariamente, em prol de nossa evolução e iluminação espiritual. A todos, sem distinção, faz nascer o sol todos os dias[24], ofertando gratuitamente sua luz que dá vida e que nos enche de energias salutares. Oportunidades diversas se nos apresentam constantemente, indicando-nos o caminho traçado no plano maior, quando nos enchemos de otimismo e de boa vontade, ofertando ao Senhor nossas promessas de utilização dos bens sob empréstimo, da melhor forma que nos for possível, em favor de nós mesmos, pela dedicação ao nosso próximo.

A maioria de nós, entretanto, perde-se em intricados labirintos de nossas paixões, quando a influência da carne nos domina o espírito, fazendo-nos olvidar os melhores votos de mudança e de elevação. Ao optarmos pela aplicação de nossos bens em favor das paixões efêmeras, convidamos a dor a nos visitar e a nos fazer refletir sobre

[24] **Nota da Editora:** Mt 5, 45.

as escolhas que elegemos. Ela, a dor, que não se faz de rogada ao nosso alvitre, comparece ávida por nos ensinar o caminho de volta, para que retornemos ao planejamento inicial, não obstante o tempo decorrido e em vão. Fica-nos o aprendizado da repetição dos erros do passado, quando nos resta humildemente reconhecermo-nos devedores e voltarmos, com Jesus, ao caminho certo e seguro do seu Evangelho.

Com o Cristo, enfim, compreendemos o sentido de possuirmos os bens dos quais somos fiéis depositários, sejam eles talentos do Espírito ou sejam eles fortunas a nós confiadas. Todos esses bens, com Jesus, tomam outro sentido de utilização, não mais para o nosso deleite alimentador de paixões viciantes, mas para o amparo, o consolo, a alimentação da fé e da esperança dos nossos irmãos que nos cercam a vida e que são os verdadeiros destinatários das benesses que os nossos bens podem ofertar.

Assim, se hoje te encontras possuidor de bens no mundo, sejam de qualquer espécie, reflete um pouco sobre o que eles estão representando para ti. Se chegares à conclusão de que os teus bens somente satisfazem ao teu egoísmo, sem auxiliar os irmãos que caminham contigo, necessário se faz a mudança de tuas atitudes. Avia-te em meditar num modo de aplicares os teus bens no auxílio do teu próximo, para que eles se multipliquem em bênçãos de amor e de paz para a tua consciência. Seja na divisão das tuas posses, doando o que te sobra de supérfluo, seja pelo compartilhamento do teu tempo precioso, na utilização dos teus talentos adquiridos em ajuda espiritual aos que deles necessitam, age de forma a dares sentido aos bens concedidos por Deus. Verás que, assim, poderás enfim levantar a cabeça e caminhar feliz, com o sentimento do dever cumprido e com a alegria de seres reconhecido como um trabalhador de Jesus no mundo.

"Se a ordem social colocou sob seu mando outros homens, trata-os com bondade e benevolência, porque são seus iguais perante Deus"

Raras são as pessoas na pequena cidade que não desejam trabalhar na fábrica administrada pelo senhor Cláudio. Ao longo de quase quarenta anos de experiência, quando iniciou como operário comumente chamado de "chão de fábrica", o senhor Cláudio desde cedo compreendeu que os fatos que lhe aumentavam a satisfação no trabalho e a motivação de produzir estavam mais diretamente relacionados ao modo como seus superiores o tratavam, que em relação aos benefícios que a empresa lhe concedia. Valorizava, por certo, os diferenciais de benesses sociais que lhe ajudavam o salário, mas logo percebeu que era mais feliz no trabalho quando era liderado por pessoas que o respeitavam como ser humano em primeiro lugar.

Com a experiência vivida ao longo do tempo, ao assumir o comando da empresa, o senhor Cláudio revolucionou conceitos administrativos, focando suas atitudes na valorização dos colaboradores como homens dignos de respeito, elevando-os à condição de maior tesouro da empresa, sem o qual nenhum produto poderia sair de suas linhas para chegar aos clientes. Em pouco tempo de implantação da política de humanização das normas, procedimentos e diretrizes, a empresa viu crescer os índices de produtividade e de satisfação dos subordinados e dos clientes, ao ponto de ser eleita uma das empresas mais desejadas pelos trabalhadores. O senhor Cláudio levou a sua prática cotidiana de respeito ao próximo acima de tudo ao interior da consciência coletiva da empresa, mostrando à sociedade que os ensinos do Cristo são para que nos conduzamos no dia a dia e para que, em exercitando-os, tornemo-nos homens de bem.

Aproxima-se o tempo em que as relações entre o capital e o trabalho deverão ajustar-se à lei de justiça, de amor e de caridade[25] determinada por Deus. Longe de ser imposta à força, experiência que foi desastrosamente tentada pelo homem dito moderno, essa lei divina está sendo implantada no mundo de forma paulatina, quando os homens, individualmente, estão se transformando para melhor, na compreensão de seus papéis de agentes de mudança benéfica em sua sociedade. Quando Jesus liderar as ações dos homens, qualquer projeto de vida que eles queiram empreender obrigatoriamente irá levar em consideração o próximo como partícipe, sendo este o principal beneficiado dos objetivos que venham a perseguir.

[25] **Nota da Editora:** ver capítulo XI, Parte Terceira, de O Livro dos Espíritos.

Com Jesus, a relação de patrão e empregado ganha dimensões sublimes, pois o respeito mútuo impera, a ganância some, os objetivos são coletivamente focados e a motivação é constante. Muitos são os céticos quanto à aplicabilidade da "administração evangélica" nas organizações do mundo. De fato, se o homem não se esforçar em desapegar-se um pouco, diminuindo sua ambição desvairada, qualquer iniciativa que inclua o amor ao próximo como valor de uma empresa será inócua. Todavia, se realmente os líderes já possuem a luz do Evangelho a lhes guiar os passos no mundo, felizes ficarão se puderem ceder uma réstia de seus lucros fabulosos em benefício de seus subordinados, elevando a energia de troca salutar do amor em suas organizações.

Se hoje tu militas em alguma religião, em que te consideras um seguidor do Cristo, reflete se já estás conseguindo transpor as barreiras da tua igreja, do teu templo ou da tua instituição, levando as benesses do que aprendeste com o Evangelho do Senhor àqueles que te são subordinados no campo do teu trabalho no mundo. Caso percebas que a realidade do pensar e do fazer é diferente, age no sentido de modificares a tua conduta e de praticares, em qualquer lugar, o que aprendeste com Jesus, para que não te suceda a cobrança inevitável da tua consciência no momento certo, pois que tu não terás mais o argumento da ignorância a te servir como álibi. Inicia a tua jornada e dá o primeiro passo, colaborando para que a sociedade em que vives já comece a perceber alguns fachos da luz bendita de um mundo regenerado.

"O homem de bem respeita todos os direitos que aos seus semelhantes dão as leis da natureza"

A vida ia caminhando tranquila para o senhor Walter e sua pequena família. Empresário bem sucedido, experimentava a ventura de desfrutar as benesses que o dinheiro podia proporcionar no mundo, em seus valores fugazes e vazios. Quando tudo parecia bem, um fato trágico mudou para sempre a vida do senhor Walter: seu filho fora sequestrado e assassinado, em uma onda de violência que assolava a cidade em que morava. Caindo em si após uma crise depressiva muito forte, já que possuía apenas um filho e depositava nele todas as esperanças de sucessão nos negócios da família, o senhor Walter decidiu que não iria cruzar os braços diante da violência, criando um movimento pelo direito à vida, voltado para jovens que estão mais suscetíveis à influência perniciosa dos vícios de toda natureza.

Hoje, o senhor Walter e sua mulher encontraram um objetivo para viver, dedicando-se a cuidar de centenas de jovens que procuram a sua instituição para livrar-se de vícios ou contra eles se prevenir. Em cada jovem atendido, o casal de benfeitores enxerga o filho amado a sorrir-lhes, abençoando as intenções nobres da nova vida que levam. Por certo o senhor Walter tem a consciência de que não vai mudar o mundo de uma hora para outra, mas também possui a tranquilidade de estar fazendo a sua parte, quando pequenos mundos individuais são transformados para o bem e uma cadeia virtuosa vai se criando, imperceptivelmente aos olhos dos homens, mas viva e radiante aos olhos de Deus.

São muitas as criaturas no mundo, acomodadas e preguiçosas, vivendo o automatismo que a sociedade dita moderna instituiu, como se o homem fosse máquina programável para consumir e para se alienar. Nessa fase "oca" de valores, o homem incauto deixa-se mover por modismos e movimentos estranhos, muitas vezes bizarros, em que somente o tempo lhe mostrará o quão ridículo se encontra. Acostumam-se a reclamar direitos aos governantes sem trabalhar os próprios deveres; querem viver em paz, mas, nas pequenas ações, incitam a violência com demonstrações de impaciência e intolerância com os que convivem; reclamam por oportunidades de emprego, mas quando devidamente colocados na frente digna do trabalho honesto, agem silenciosamente, burlando normas internas, desperdiçando tempo útil, praticando atos corruptos e incitando colegas à morosidade e à preguiça que lhes marca o comportamento, para que não fiquem sós na inércia a que se entregam; gritam pelo direito à vida, mas não respeitam o mundo em que vivem, poluindo-o com seus excessos de consumo, com a disposição inadequada dos resíduos, ou com o atentado aos cursos d'água naturais, fontes de vida material do planeta.

Em seu Evangelho de amor, Jesus já nos alertava para que observássemos a trave que encobre nossos olhos antes de nos esmerarmos em enxergar o cisco minúsculo nos olhos de nosso próximo[26]. Como reclamar direitos se não cumprimos com os deveres? Como reclamar da violência se

[26] **Nota da Editora:** Lc 6, 41-42; Mt 7, 3-5.

não fazemos nada para minorá-la? Como exigir amor do outro se a ele somente endereçamos dardos de desamor? O verdadeiro cristão é agente de transformação para o bem e pelo bem, onde quer que se encontre. Eis a sua missão divina, exarada nos ensinamentos do Cristo, quando nos concitou, amorosamente: "Ide por todo o mundo, pregai o evangelho a toda criatura"[27], sendo a pregação mais eficaz aquela que ensina pelo exemplo prático da lição ensinada.

Por isso, se te encontras insatisfeito no mundo, desesperançado com os rumos que os homens dão a ele, reflete sobre as tuas ações e verifica o que tens feito para melhorá-lo. Medita se apenas estás te contentando em não fazer o mal, esquecendo-te de que o mais importante

---

[27] **Nota da Editora:** Mc 16, 15.

aos olhos de Deus é o bem que produzimos. Pensa nisso, descobrindo-te agente do Senhor no mundo. Percebe a tua capacidade divina de espalhar o amor onde quer que estejas e cuida em fazer a tua parte, plantando o bem no pedaço de terra que Jesus te confiou, nesse imenso jardim a ser construído, que se chama Terra.

"Não ficam assim enumeradas todas as qualidades que distinguem o homem de bem; mas, aquele que se esforce por possuir as que acabamos de mencionar, no caminho se acha que a todas as demais conduz"

Há dez anos, quando se decidiu a frequentar uma instituição religiosa, após a dor da perda de sua mãe que para ele era uma protetora, Pedro encontrava-se vítima de si mesmo, envolvido em hábitos menos nobres, infelizmente comuns no mundo, mas contrários à lei de Deus, do amor a si mesmo e ao próximo. Encharcado pelo vício da bebida e acostumado à vida boêmia que lhe retirava as forças necessárias para um bom desenvolvimento no campo do trabalho profissional, Pedro, após o transe da morte da mãe que abandonou o vaso físico por intermédio de um infarto fulminante, precisou encontrar respostas para as suas angústias e para que pudesse, finalmente, seguir um caminho que lhe desse sentido à vida.

Chegou à nobre instituição desconfiado das intenções daqueles trabalhadores que demonstravam simpatia e alegria no que faziam. Logo percebeu que a história de vida dos companheiros que lhe amparavam era igualmente recheada de erros e desencontros, movidos pelos vícios de outrora. Pedro, no exemplo da mudança dos outros, percebeu que ele próprio poderia começar a empreender a sua transformação íntima, com Jesus, para a construção da sua felicidade. Hoje, dez anos depois, Pedro ainda luta com muitas de suas tendências que o dominavam no passado, com a diferença de que ele possui a consciência clara de que precisa continuar essa luta, levantando nas quedas e seguindo em frente, com fé, na certeza de que Jesus lhe estende a mão, quando sinceramente se entrega ao trabalho da caridade com amor, para um dia ser digno de ser considerado um homem de bem.

Muitas são as criaturas que se mantêm afastadas dos círculos do trabalho cristão porque se consideram indignas de frequentar a casa do Senhor pelos vícios que ainda possuem. Várias vezes são tocadas por uma vibração de paz, quando se enchem de vontade de se vincular a um trabalho no bem, mas logo desistem, pela constatação de que precisam se esforçar para combater os males que lhes impedem a marcha evolutiva. Estas, geralmente com a dor de uma perda no campo familiar ou pelos traumas de experiências nocivas no campo material, apresentam-se humilhadas perante Jesus, suplicando-Lhe a misericórdia da oportunidade do trabalho em sua seara. Quando se decidem vincular ao Cristo, percebem que aqueles que já estão há mais tempo nas lides do Evangelho são pessoas igualmente falidas no passado, mas que hoje se esforçam para vencer os vícios de um tempo recente.

Não vim para os sãos, afirmou o Cristo, mas para os doentes[28] da alma, para aqueles que habitam este planeta e que sinceramente se arrependem e desejam caminhar para o bem. Não há fórmula mágica de conversão, nem solavancos que violentam o progresso individual da natureza humana, mas sim a lenta transformação do indivíduo, que passa a se conhecer melhor e a entender que somente no exercício do amor ensinado por Jesus é que nele irá se processar a sua transformação moral.

---

[28] **Nota da Editora:** Lc 5, 31; Mc 2, 17; Mt 9, 12.

Nesse processo de autoconhecimento, de luta íntima, pessoal e intransferível da criatura para consigo mesma, o erro é companheiro do acerto, a queda é possível e quase sempre regular, mas a firme vontade de seguir adiante empurra o homem decidido a vencer as dificuldades, tornando-o mais forte a cada problema superado, a cada prova cumprida e a cada vício ou paixão eliminada. Não há outra forma de se chegar ao fim da caminhada se o primeiro passo não for dado. Para o cristão sincero, todos os momentos são oportunidades para exemplificar essa transformação moral constante, pois o mundo em que vivemos é um vasto campo a ser lavrado, com suas misérias a serem combatidas pela caridade, com o império da violência a ser derrubado pela propagação do exemplo da paz, com a desesperança a ser eliminada pela irradiação das verdades divinas, com o Evangelho de Jesus.

Por fim, se tu te encontras caído no mundo, com a dor na consciência porque erraste desta ou daquela forma, perdoa-te, levanta e recomeça. Desprende-te de qualquer aguilhão do passado, enxergando nele somente o quadro que tu reconheces não querer mais viver, e faz o bem que tu puderes. Verás que Deus irá te abençoar todo o sincero esforço que fizeres em prol de tua luta íntima de renovação. Conta com teus amigos do caminho, que lutam igualmente contigo no mesmo esforço diário, e segue adiante, construindo o teu futuro de bênçãos pela ação da caridade que no presente exercitares. Dessa forma te afastarás do homem velho, que se perderá no passado dos teus erros, cada vez mais apagado e distante, a cada passo que empreenderes no fortalecimento do homem de bem que começarás a ser.

GALIENO

Marcellus Campêlo/Joel

14x21 cm | 242 páginas | Biografia | ISBN 978-85-65300-00-1

Nesta trama que humildemente apresentamos como registro, revivemos a saga da vida de conflitos íntimos que o jovem imperador Galieno vivia. Na oportunidade que teve de redimir-se para a luz de Jesus, através do convívio com o pregador cristão Domênico Lúcio, com quem compartilhou alguns anos nas Gálias, Galieno simboliza o homem que diante do poder e de suas próprias fraquezas, tem a chance de encurtar séculos de dores e sofrimentos, remédios necessários à cura da alma renitente.

Os prazeres da alma
uma reflexão sobre os potenciais humanos
boanova
editora

Os prazeres da alma
Os prazeres da alma
uma reflexão sobre os potenciais humanos

Na editoração desta obra,
foi utilizado como fonte padrão
Garamond, tamanho 15,
capa em papel Cartão PopLar 250 g/m^2,
miolo em papel Norbrite Bulk 66 g/m^2

sistema de impressão em off-set